Sabrina Wehrl

Ein textkritischer Kommentar zu Jürgen Oelkers "Unterricht als fragile Kunst und die Ausbildung des Könnens"

GRIN Verlag

Bibliografische Information der Deutschen Nationalbibliothek:

Die Deutsche Bibliothek verzeichnet diese Publikation in der Deutschen National-
bibliografie; detaillierte bibliografische Daten sind im Internet über http://dnb.d-
nb.de/ abrufbar.

Dieses Werk sowie alle darin enthaltenen einzelnen Beiträge und Abbildungen
sind urheberrechtlich geschützt. Jede Verwertung, die nicht ausdrücklich vom
Urheberrechtsschutz zugelassen ist, bedarf der vorherigen Zustimmung des Verla-
ges. Das gilt insbesondere für Vervielfältigungen, Bearbeitungen, Übersetzungen,
Mikroverfilmungen, Auswertungen durch Datenbanken und für die Einspeicherung
und Verarbeitung in elektronische Systeme. Alle Rechte, auch die des auszugsweisen
Nachdrucks, der fotomechanischen Wiedergabe (einschließlich Mikrokopie) sowie
der Auswertung durch Datenbanken oder ähnliche Einrichtungen, vorbehalten.

Impressum:

Copyright © 2010 GRIN Verlag GmbH
Druck und Bindung: Books on Demand GmbH, Norderstedt Germany
ISBN: 978-3-656-59039-2

Dieses Buch bei GRIN:

http://www.grin.com/de/e-book/267974/ein-textkritischer-kommentar-zu-juergen-
oelkers-unterricht-als-fragile

GRIN - Your knowledge has value

Der GRIN Verlag publiziert seit 1998 wissenschaftliche Arbeiten von Studenten, Hochschullehrern und anderen Akademikern als eBook und gedrucktes Buch. Die Verlagswebsite www.grin.com ist die ideale Plattform zur Veröffentlichung von Hausarbeiten, Abschlussarbeiten, wissenschaftlichen Aufsätzen, Dissertationen und Fachbüchern.

Besuchen Sie uns im Internet:

http://www.grin.com/

http://www.facebook.com/grincom

http://www.twitter.com/grin_com

Sabrina Wehrl

Im Folgenden werde ich versuchen, den Text „Unterricht als fragile Kunst und die Ausbildung des Könnens" von Jürgen Oelkers zu analysieren und daraus für mich wichtige Schlüsse ziehen.

„Schulischer Unterricht ist nicht mit einer einfachen Norm erfassbar, wenn diese so definiert ist, dass ein bestimmtes Format an jedem Ort seiner Anwendung gleich sein muss. Unterricht ist Interaktion mit ungleichem Verlauf und Ausgang"[1], äußert sich Jürgen Oelkers, Doktor und Professor für Allgemeine Pädagogik an der Universität Zürich zu Beginn seines Textes „Unterricht als fragile Kunst und die Ausbildung des Könnens". Es lässt daraus schließen, dass Unterricht eben nicht genau in eine einzige Schublade gesteckt werden kann, in der ein bestimmtes Format, also ein bestimmtes Unterrichtsthema oder eine Methode, an jedem Ort, vermutlich in jeder Jahrgangsstufe oder Schule seiner Anwendung gleich sein muss. Dies bedeutet, dass Unterreicht eine Kommunikation, mehr eine Art Wechselbeziehung, darstellt, bei der man weder klar definieren noch kontrollieren kann, wie sie verläuft oder wie sie endet. Es ist also nach Oelkers keineswegs von einer Normierung die Rede, wenn der Begriff „Standard" zu hören ist, denn dazu müsste Unterricht vereinheitlicht oder in eine bestimmte Norm gefügt werden können, was in der Praxis jedoch nicht möglich ist. Ein Lehrer beispielsweise kann ein bestimmtes Thema nicht haargenau so mit einer Klasse durchführen, wie er es mit einer vorherigen derselben Jahrgangsstufe vollzogen hat, da die Schüler nicht dieselben sind, sondern jeder einzelne individuell und somit auch der Unterrichtsverlauf ganz unterschiedlich zügig oder zäh voran gehen wird. Ebenso kann seinen Unterricht daheim bis ins kleinste Detail ausarbeiten, aber in der Praxis wird es nicht Eins zu Eins umsetzbar sein, da man nicht auf verschiedene, den Unterricht beeinflussende Faktoren vorbereitet ist, ob ein Schüler zu spät kommt, wie schnell und in wie weit die Schüler den Stoff begriffen haben etc.

Er nimmt Bezug auf den Herbartianer Tuiskon Ziller, der den „gewünschten Effekt in eine plausible Regel gefasst [hat]: Die Schüler dürfen *durch den Unterricht nicht geistig schwächer werden*"[2]. Als Problem stellt sich die sogenannte „Nachhaltigkeit des Unterrichts" heraus, welches allerdings verschwinden würde, „wenn nur die Lehrer bessere Methoden zu gebrauchen wüssten".[3]

In der Flut an Methoden ist es nicht einfach sich für die beste oder richtige zu entscheiden, da die eine im individuellen Gebrauch möglicherweise sinnvoller erscheint als beispielsweise

---

[1] Jürgen Oelkers: Unterricht als fragile Kunst und die Ausbildung des Könnens, S. 37
[2] Tuiskon Ziller: Grundlegung zur Lehre vom erziehenden Unterricht (2. Verb. Aufl. Hrsg. V. Th. Vogt) Leipzig: Verlag von Veit& Comp., 1884, S. 240.
[3] Ebd., S. 243

1

eine andere, dennoch sind die anderen nicht falsch, nur weniger geeignet. Laut Oelkers kommen Methoden „dem Wunsch nach Sicherheit entgegen, aber sind nie mit einer Gelegenheitsgarantie verbunden. Die Ausbildung muss die zur Vorbereitung des Berufs notwendigen Erfahrungen und Wissensformen zur Verfügung stellen, was aber nicht so ganz leicht ist."[4] Hierbei kann man ihm nur zustimmen, denn Theorie ist nun mal nicht gleich Praxis. Man kann in seiner Ausbildung, das heißt im Praxisbezug von Lehrveranstaltungen, auf bestimmte Situationen zwar durch Erfahrungen und Wissensformen vorbereitet werden und diese durchspielen, wie man dann zu reagieren hat, aber wenn genau diese Situation letztendlich im Alltag eintritt, helfen sie einem nur ansatzweise weiter. Denn die Ausbildung ist so zu sagen eine „Idealisierung" und demnach keine „Eins-zu-Eins-Übertragung". Auszubildende erlangen ihre Kompetenz nicht, indem sie die Theorien übernehmen, sondern sie müssen sie leben! Ich geb Oelkers Recht, wenn er sagt, dass man sich ins Berufsfeld begeben und beobachten muss, wie sich die Persönlichkeit der Lehrkräfte in der Auseinandersetzung mit den Aufgaben formt."[5]

Im Abschnitt „die Kunst des Unterrichtens" ist von einem sogenannten „Berufswissen" die Rede. Oelkers erklärt, dass damit nicht nur persönliche Überzeugungen gemeint sind, sondern auch ein komplexes Know-how, wie Lehr-/ Lernsituationen zu gestalten sind. Desweiteren wird erklärt, dass sich die Ausbildung von Know-how auf grundlegende Anforderungen des Berufsfeldes bezieht. Die Lehrkräfte werden leistungsunterschiedliche Schüler in den Klassen unterrichten und müssen versuchen, damit umzugehen, sowie eine Anpassung zu finden, die zum einen mit dem Lehrplan und zum anderen mit dem Unterrichtsziel kollidiert. Und eben genau darin besteht die „Kunst", dass man anhand von Erfahrungen unterschiedliche Ziele für unterschiedliche Gruppen findet. [6] Ich zitiere an dieser Stelle gern noch einmal Oelkers, denn es zeigt die Wirkung des allbekannten Satzes „Learning by doing" wenn er sagt: „Kompetenz wird praktisch aufgebaut, in den Situationen, in denen sich Aufgaben stellen und Probleme gelöst werden müssen. Das Ausbildungswissen kommt nur zur Anwendung, wenn es dazu passt und sich bewährt."[7] Das bedeutet, dass man durch Erfahrungen und „im Umgang mit Problemen vor Ort" lernt und somit die Lösungen langfristig sieht, „wenn sie sich bewähren." [8] Die Handlungsweise der Lehrkräfte ist also nicht automatisiert, denn sie erproben sich immer wieder unterschiedlich aufs Neue in unterschiedlichen Situationen. Erfolgreicher Unterricht basiert laut Oelkers auf der Kommunikation im Klassenzimmer, welcher aber immer neuen Hürden ausgesetzt ist, sei es auf Grund neuer Situationen oder durch zahlreiche Probleme. Man kann letztendlich

---

[4] Oelkers, J.: S. 38
[5] Vgl. Oelkers, J.: S. 38
[6] Vgl. ebd. S.38
[7] Ebd., S. 38
[8] Ebd., S. 39

kein richtiges Konzept für das Gelingen, also der Kunst des Unterrichtes, anbieten, da die Performanz individuell ist und somit die sogenannte Versuch-und Irrtum-Methode das Lernen bestimmt.[9]

Ich finde, Oelkers hat mit seiner Aussage, dass, wenn Lehrkräfte allein vor der Klasse stehen und dadurch weitgehend autonom sind, Erfolg haben, durchaus Recht. Das lässt sich sehr gut aus der Schülersicht aber auch aus der eines Referendars beurteilen. Die „weitgehende" Autonomie im vorherigen Satz würde ich in dem Sinne begründen, dass zum Beispiel ein Referendar weniger Freiheiten als eine fertige Lehrkraft besitzt, da er immer einen Höheren im Genick sitzen hat, der ihm sagt, wie er etwas besser machen sollte und somit hat er kaum einen eigenen Spielraum. Eine Lehrkraft hingegen hat selbst ihre eigenen Gestaltungsmöglichkeiten, wie sie ihren Unterricht interessant und schülerfesselnd gestaltet. Aus ehemaliger Schülersicht finde ich dies persönlich sehr gut, denn es gibt nichts Langweiligeres als einen trockenen Unterricht strikt gemäß dem Lehrplan. Es gibt mittlerweile dank vieler Theoretiker und Wissenschaftler so viele Methoden, den Unterricht ansprechend und auflockernd zu gestalten, sei es beispielsweise, wenn es um einen ansprechenden Stundeneinstieg durch Symbolkarten geht oder um das Vertiefen durch Gruppenarbeit, Gallery Walk oder Methoden wie das Plan- oder Rollenspiel, durch die die Schüler sich in die Situation hineinversetzen können. Mir kommt hier eine alte Zen-Weisheit in den Sinn, die lautet: „Sag mir etwas, und ich werde es vergessen! Zeig mir etwas, und ich werde es vielleicht behalten! Lass es mich tun, und ich werde es bestimmt behalten!" Hier kann wieder an die Nachhaltigkeit des Unterrichts angeknüpft werden, denn Situationen oder Projekte, bei denen die Kinder den Lernstoff anschaulich vor sich haben, oder vielleicht sogar selbst erleben dürfen, prägen sich bei den Kindern viel besser ein. Somit bilden Lehrkräfte über ihre Erfahrungen stabile Verallgemeinerungen, welche von Lehrkraft zu Lehrkraft verschieden sind, die sich auch keine derer ausreden lassen darf, wenn sie handlungsfähig bleiben will. Dadurch kommt man dann meiner Meinung nach zu dem allgemeingültigen Fazit: „Was sich bewährt, wird verallgemeinert, was nicht, wird verworfen"[10], was man unter Anderem auch gut an meinen oben gewählten Beispielen verdeutlichen kann. Wenn diese Methoden, wie der Gallery Walk oder die Gruppenarbeit nicht greifbar und effektiv wären, hätte man sie nicht verallgemeinert.

Oelkers erklärt in seinem Text, dass die Praxis zwischen der einzelnen Lehrkraft und den jeweiligen Schülern ausgehandelt wird, wobei keine klaren Spielregeln definiert sind. Die Lehrkraft ist zwar die dominierende Instanz, dennoch verhalten sich die Schüler häufig rebellisch und destruktiv, was den Unterricht auf eine harte Probe stellt. Hierfür sagt Oelkers

---

[9] Vgl. Oelkers, J.: S. 39
[10] Oelkers, J.: S. 39

aber auch: „Der Erfolg des Unterrichts setzt voraus, dass die Schülerinnen und Schüler wissen und einsehen, warum sie lernen, was sie lernen."[11] Aus eigener Erfahrung weiß man, dass man dem nur zustimmen kann. Jeder weiß selbst, dass man im wahrsten Sinne des Wortes nie auslernt und somit die Weiterbildung nur vom eigenen Vorteil ist. Man lernt für sich und nicht für andere. Demnach merken oft auch die rebellischsten Kinder mit der Zeit, dass es ihnen nichts bringt, sich gegen die Lehrkraft aufzulehnen, denn ihnen wird damit nicht geholfen sein, sondern verbauen sie eher nur ihre eigene Zukunft. Aber es stellt sich auch als ein Problem heraus, wie die Schüler ihre Lernressourcen nutzen und welche Betreuung sie bei ihrer Lerntätigkeit erfahren. Die Zeit spielt hierbei die wichtigste Rolle, denn die Schüler müssen diese weitgehend selbst einteilen. Dies ist auch das Problem, welches Oelkers anspricht, nämlich, dass dies nur begrenzt durch Dritte wirklich beeinflussbar ist und somit die vermittelnden Personen an ihre Grenzen der Wirksamkeit gebracht werden. Hierbei liegt Oelkers ganz richtig, wenn er sagt, dass keine Ausbildung professionellen Erfahrungen im Vorfeld lehren kann, denn das zentrale Berufswissen entsteht im realen Prozess des Lehren und Lernen hautnah bei den Schülern. Dort unterscheidet sich wie bereits schon einmal gesagt die Theorie von der Praxis, in der nämlich nicht genau das Gelernte dem an der Universität Gelehrtem entspricht.[12]

Desweiteren spricht der Professor für Allgemeine Pädagogik die labile Kommunikation im Fluss der Unterrichtsfelder an. Er betont, dass soziale Felder „Gemeinsamkeiten herstellen müssen, nämlich das Überraschende an das Erwartende binden".[13]In jedem Unterricht gibt es unerwartete Wendungen unterschiedlichster Art und Weise. Manchmal kommen Schüler zu spät, einige melden sich überraschend oder die Schüler kommen nicht in erwarteter Zeit auf eine Lösung. Man kann Oelkers also wieder nur zustimmen, wenn er sagt, dass es keinen fertigen Plan für den Unterricht gibt, der „den Effekt bestimmen könnte, vielmehr definieren je die Effekte und ihre Interpretation den Fortgang des nachfolgenden Prozesses".[14] Es lässt sich also aus seinem Text einerseits schließen, dass es keine konkrete Lernorganisation gibt, die den Prozess von Anfang bis Ende steuert[15], was aus den zuvor hervorgebrachten Erkenntnissen nachvollziehbar ist.

---

[11] Oelkers, J.: S. 39 f.
[12] Vgl. Oelkers, J.: S.40
[13] Ebd., S. 40
[14] Ebd., S. 40
[15] Ebd., S. 41